Para: ______________________________

De: ______________________________

Tambien escrito por Gregory E. Lang:

Porqué un Hija Necesita un Papá

PORQUÉ UN HIJO NECESITA UN PAPÁ

100 razones

GREGORY E. LANG

con las fotografías de Janet Lankford-Moran

Cumberland House
Nashville, Tennessee

Porque un Hijo Necesita un Papá
Publicado cerca Cumberland House Publishing, Inc.
Impulsión industrial de 431 Harding
Nashville, TN 37211

Diseño de la cubierta: Diseño suburbano inverosímil
Diseño del texto: Lisa Taylor

Impreso en los Estados Unidos
RRD 10 9 8 7 6 5 4

A nombre de mis hermanos, David, Kevin, y Jody,
igualmente, este libro se dedica cariñosamente
a Jacobs Eugene Lang, nuestro papá.

—GREG

A Juan, mi marido /asistente fotográfico,
gracias por su apoyo y paciencia.

—JANET

Introducción

Soy el primer hijo nacido de una casa que incluyó a cinco hijos, antes de que mi papá cumpliera sus treinta años. Nuestra casa parecía nunca dormir, con la actividad constante remolineando alrededor de ella y dentro de ella, parecían casi estallar los bordes a medida que los niños, que la llamaron hogar continuaron creciendo. Mi papá trabajó difícilmente para proveer para su familia, pero también hizo tiempo para estar con sus niños, pero juntos y codo-a-codo. Él se aseguro que la casa del árbol que construimos fuera firme, segura y que mi carro de carreras cruzaría la línea final, y una vez que estuviéramos bastante grandes para ver sobre el volante, cada niño, sentado en sus piernas, tendría la oportunidad de conducir en el vecindario en el carro que el quisiera, ya sea el troqué viejo de mi padre o la camioneta.

Tengo muchas memorias conmovedoras de mi juventud: mi papá enseñándome cómo golpear una bola de curva en el patio frontal de la casa, trabajando con mi papá en un proyecto de exploradores para ganar una divisa de mérito, pasándole sus herramientas mientras trabajaba en el carro o mejorando la casa los domingo por la tarde. A mi papá le encanta pescar. Me acuerdo que me despertaba los sábados por la mañana antes que saliera el sol, susurrándome al oíd para no despertar a mis hermanos menores, los dos salíamos de la cama para ir a pescar. Al estar parados al borde del agua a veces hablamos, otras veces solo nos contentábamos escuchando los sonidos de la mañana. En estos años de mi vida, mi papá era mi héroe.

Mientras entraba a la adolescencia nuestra relación comenzó a cambiar. Como la mayoría de los jóvenes, me consideraba malentendido y sobre controlado. Quería usar la ropa que estuviera al último grito de la moda y salir con mis amigos hasta las últimas horas de la noche, evitando hacer mis tareas y otras responsabilidades de la casa. Mis demostraciones de rebeldía irritaron a mi papá como una astilla debajo de una uña. Ambos siendo de fuerte voluntad propia, mi papá y yo chocábamos a menudo. Mis años tempestuosos de madures eran difíciles para los dos. Nuestros conflictos eran ocasionalmente bastante serios que me hacían cuestionar nuestro amor del uno para el otro, y me preguntaba ¿qué sucedió con aquel hombre que me enseño a pescar? Cuando salí de mi hogar me prometí que no sería como él cuando me convirtiera en hombre, y con más razón cuando me convirtiera en padre.

Cuando entre al colegio mi papá y yo habíamos llegado a una coexistencia pacífica. Éramos diferentes, pero podíamos llevarnos bien. No hablábamos mucho pero tampoco discutiamos. El amor entre nosotros era calido, pero no abrasador. Le agradecía por el dinero que deslizaba en mi bolsillo cuando pensaba que no lo miraba y por darme la bienvenida a la casa cuando venia los domingos a comer la comida rica de mama. Él me decía que tan orgulloso estaba de mis logros. Nuestra relación no era la que había sido, pero era de tal manera que podía amarlo otra vez. "Esto es aceptable," llegue a pensar. No me imagine que años más tarde nos encontraríamos en un enlace profundo, que seria intenso, y que estaría dándole el crédito a mi papá por haberme ayudado a transformarme en el hombre en el cual me convertiría.

Hoy, con más años y cientos de millas bajo mis pies, puedo contemplar a mí padre de una manera muy diferentemente. Ahora siendo un padre de una adolescente que emerge y experimenta las tensiones y los desafíos que presenté en mi juventud, sonrío cuando veo que yo y mi hija estamos discutiendo las mismas negociaciones que alguna vez yo tuve con mi padre. Ahora, más sabio, sé que no era el echo que no me entendían o que querían controlarme, si no que carecí la experiencia de la vida para saber qué riesgos estaba tomando, y el juicio que me ayudaría a salir de un problema antes de que una cicatriz permanente se pudiera formar, y el entender que era posible que algo malo podría sucederme. Hoy se que mi papá me estaba protegiendo contra lo que no podía ver y simplemente intentando de ahorrarse el miedo y el terror de dejar que su niño le soltara la mano.

Un papá tiene la responsabilidad de proveer para su familia. A veces las dificultades de esta tarea pasan desapercibidas y sin agradecerse. Ahora teniendo esa responsabilidad yo mismo con solamente una niña, puedo mirar con asombro lo que lo hizo mi papá. Él tomo a veces dos trabajos para apoyar a su familia, se esforzó más allá de su educación para adquirir las habilidades necesarias para una mejor carrera y nunca compró cosas para él antes de tomara en cuneta a sus niños. Comimos bien, vestimos con gusto, recibimos regalos, y fuimos de vacaciones. Hoy continúa ofreciendo ayuda a sus hijos adultos, cuando él piensa que es necesario. Lo he llamado a media noche y él ha venido a mí.

En mi tocador, al lado de un retrato de mi mama de la Preparatoria y en medio de muchas fotografías de mi hija, esta la foto de mi papá y yo en la yarda delantera de la primera casa de mis padres. Está en cuclillas con sus brazos alrededor de mí estando parado entre sus rodillas. A veces reflejo en lo que es importante para mí, parado frente a esas fotografías, realizo la bendición de tener a unos padres tan cariñosos y a esta maravillosa niña. Meditando en los años difíciles de mi juventud, pienso que quizás debo a mis padres, especialmente a mi papá, una disculpa, pero sé que me acusarían de ser tonto. Pienso en cosas que quisiera hacer para ellos, y me apresuro cada vez que llevo a mi hija en el carro al hogar el cual deje hace muchos años. Me apresuro para darle un beso a mi mamá, y sentarme en el porche delantero para charlar con mi papá.

Ahora siendo un hijo completo, que una vez adoraba, después desfavorecía, y ahora admira profundamente a su papá, hoy siendo un padre que intenta lo mejor aun cuando siempre falto de capacidades, me pregunto si mi hija adolescente me mirara siempre con los ojos de admiración. Pienso que el papel de papá es el desafío más grande y la recompensa más alta que un hombre puede tener. Reflejando en mi papá y en mí, sé que mi hija y yo tendremos una maravillosa relación duradera porque mi papá y yo tenemos una. Sé que en el fin estaré satisfecho con mi función como padre porque mi papá me demostró cómo a hacerlo. Y puedo creer que he sido un buen hijo porque mi papá me lo dice, Te amo, papá. Y estoy orgulloso de ser su hijo.

PORQUÉ UN HIJO NECESITA UN PAPÁ

Un hijo necesita un padre

para enseñarle cómo afeitarse.

Un hijo necesita un padre

que pueda ser juguetón y chistoso.

Un hijo necesita un padre

para enseñarle a ser un ganador agradecido,
así como un perdedor agradecido.

Un hijo necesita un padre . . .

para llevarlo a campar.

para luchar con él en el césped.

para enseñarle cómo funcionan las cosas.

para enseñarle cómo areglar las cosas el mismo.

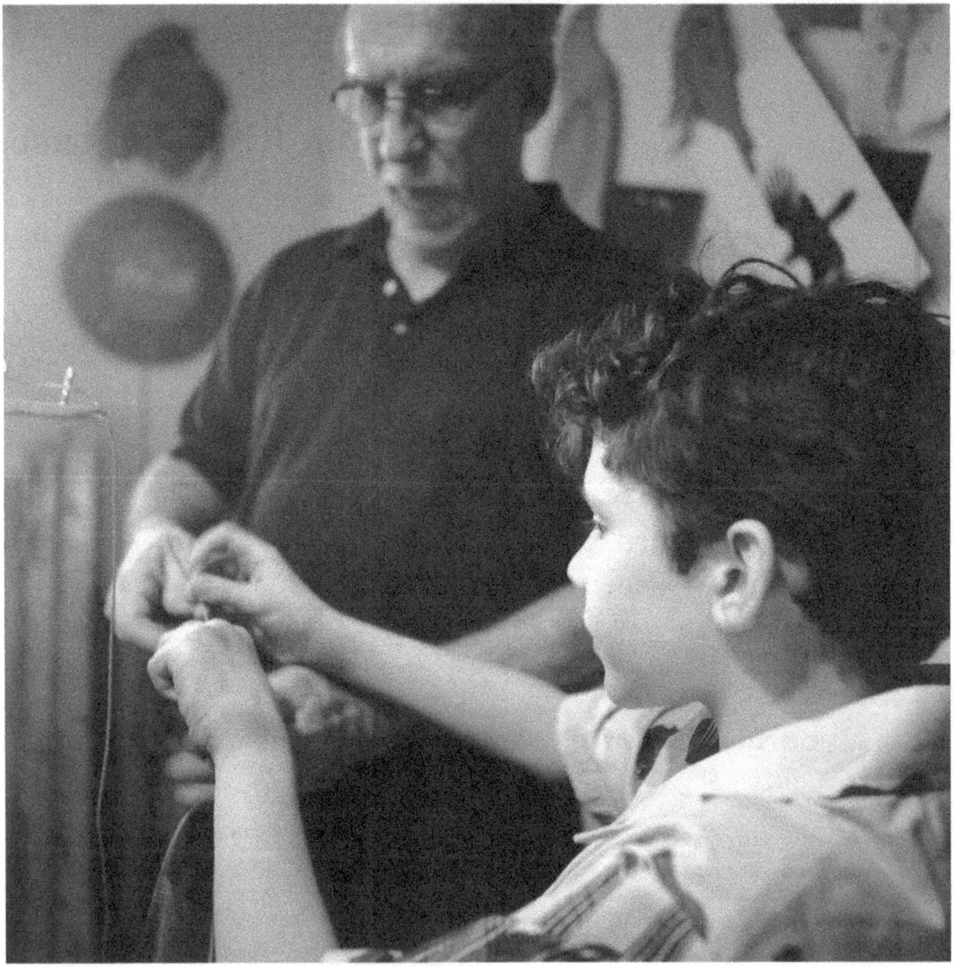

Un hijo necesita un padre

para enseñarle cómo ser productivo
con sus propias manos.

Un hijo necesita un padre

para llevarlo a pescar.

Un hijo necesita un padre . . .

para enseñarle cómo hablar con las muchachas.

para enseñarlo a disculparse por palabras imprudentes.

para guiarlo cuando se dirige en la
dirección incorrecta.

para escucharle cuando otros ya se
cansaron de escucharle.

EAST THOMA
40
ET

Un hijo necesita un padre

para decirle que esta orgulloso de él.

M
FARMALL

UN HIJO NECESITA UN PADRE

para enseñarlo a dar siempre un buen día de trabajo.

Un hijo necesita un padre . . .

para animarlo cuando esta decepciónado.

para enseñarle que es sabio buscar consejo.

para ayudarle a aprender de sus errores.

para hablar con el sobre las decisiones
que tendra en el futuro.

Un hijo necesita un padre

para ir con él en aventuras imaginarias.

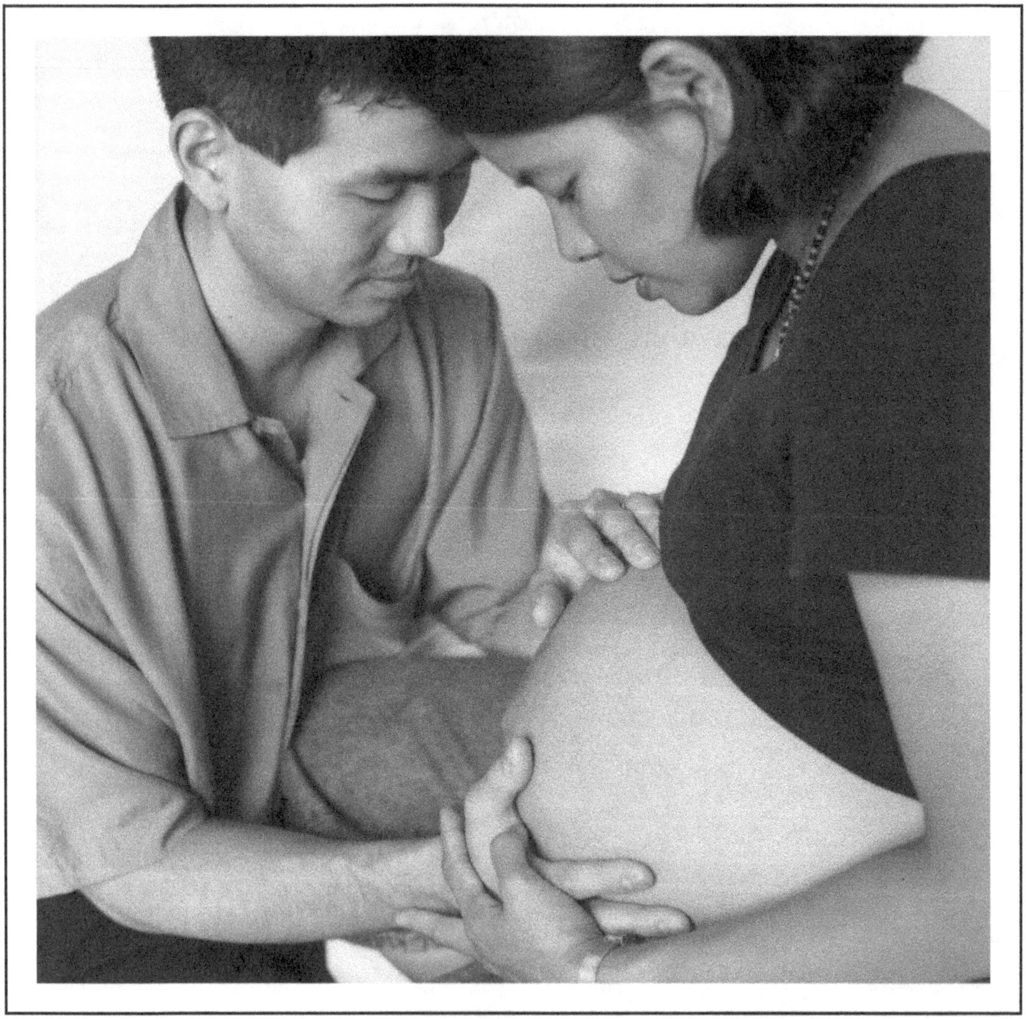

Un hijo necesita un padre

para tener una familia entera.

Un hijo necesita un padre

para ayudarle a hacer frente a sus desafíos con confianza.

UN HIJO NECESITA UN PADRE

para ser un abuelo para sus niños.

Un hijo necesita un padre . . .

para demostrarle cómo controlar su temperamento.

para decirle que no hay deshonra en perder.

para demostrarle cómo comprometerse.

decirle que todo no esta perdido,
aun cuando puede parecer que si lo esta.

WRIGLEY FIELD
HOME OF
CHICAGO CUBS

Un hijo necesita un padre

para llevarlo a los juegos de béisbol.

Un hijo necesita un padre

para construir su independencia.

Un hijo necesita un padre

para enseñarle que el respeto se gana.

Un hijo necesita un padre . . .

de modo que él tenga por lo menos un héroe
en él cual pueda depender.

para compartir con él la sabiduría
que él todavía no ha adquirido.

para ayudarle a intentar otra vez
después de que él haya tropezado.

demostrarle cómo amar a otros,
aun cuando es difícil.

Un hijo necesita un padre

para prepararlo para ser responsable
con su propia familia.

Un hijo necesita un padre . . .

para enseñarle a tratar a las mujeres con amabilidad.

para enseñarle que los hombres
y las mujeres son iguales.

para estar parado con él en el día que se case.

para enseñarle cómo ser un buen marido.

Un hijo necesita un padre

que sepa divertirse.

Un hijo necesita un padre

que estará allí cuando él necesite ayuda.

UN HIJO NECESITA UN PADRE

para proporcionar la guianza que lo dirigirá lejos de los problemas.

Un hijo necesita un padre

quién le ayudará a descubrir
su lugar en la vida.

UN HIJO NECESITA UN PADRE

hacerle entender que no es necesario
ser como los demás.

Un hijo necesita un padre

para enseñarle cuando dirigir
y cuando seguir.

UN HIJO NECESITA UN PADRE . . .

para demostrarle que el amor es desinteresado.

que no esperara lo desrazonable de él.

quién lo disciplinará firmemente,
mientras que lo ama implacablemente.

quién le enseñará a evitar tentaciones egoístas.

UN HIJO NECESITA UN PADRE

para demostrarle amor incondicional.

Un hijo necesita un padre

para demostrarle la diferencia entre ser firme
y ser obstinado.

UN HIJO NECESITA UN PADRE

para dejarlo ser igual a el de ves en cuando.

Un hijo necesita un padre . . .

para enseñarle a no utilizar a otros
para su propia ventaja.

para proporcionar la dirección moral mientras
se convierte en un hombre.

para impulsarlo a perseguir metas dignas.

decirle a menudo que es amado.

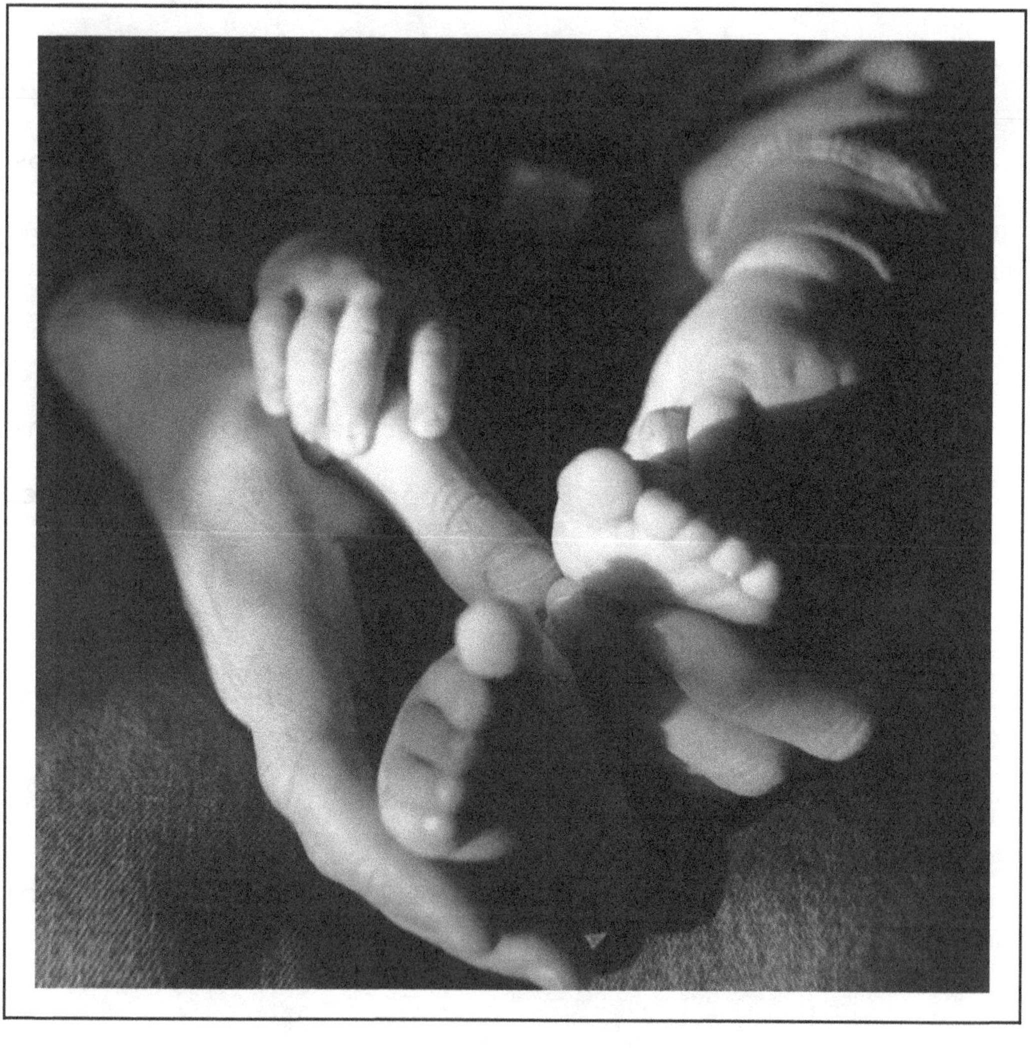

Un hijo necesita un padre

para ayudarle a encontrar su camino.

Un hijo necesita un padre

para demostrarle cómo hacerle el nudo
a la corbata.

Un hijo necesita un padre

para enseñarle que la familia es más importante que el trabajo.

Un hijo necesita un padre

para demostrarle paciencia.

Un hijo necesita un padre

para construir una casa cariñosa con una fundación de sabiduría y de entendimiento.

UN HIJO NECESITA UN PADRE . . .

quién esperará que él juegue justamente.

para enseñarle a darse su lugar.

para enseñarle a ser responsable de sus errores.

para decirle que la ignorancia no es una excusa.

Un hijo necesita un padre

para ayudarle con las cargas
que pesan sobre él.

UN HIJO NECESITA UN PADRE

para darle un empujón, para ayudarle a crecer.

Un hijo necesita un padre . . .

para enseñarle que no necesita siempre
estar en control.

decírle que es aceptable admitir sus errores.

para enseñarle que la fuerza se expresa
lo mejor posible con el alojamiento.

para enseñarle cómo mantener su dignidad
en tiempos difíciles.

Un hijo necesita un padre

quién lo proteja cuando él no sea lo bastante fuerte para protegerse.

UN HIJO NECESITA UN PADRE

para guiarlo hacia la fe.

POWERADE

UN HIJO NECESITA UN PADRE

para animarlo cuando dude de sí mismo.

Un hijo necesita un padre

para animarlo al patriotismo
y la responsabilidad cívica.

Un hijo necesita un padre . . .

que le ayude a su madre.

para enseñarle a ser respetuoso hacia las mujeres.

para enseñarle cómo ser un caballero.

para ayudarle a planear su futuro.

Un hijo necesita un padre

quién le dará comodidad, protección y afecto.

UN HIJO NECESITA UN PADRE

quién da la bienvenida a la expresión.

Un hijo necesita un padre . . .

para enseñarle a reconocer la verdad y recompensarla.

para enseñarle a reconocer la sinceridad y a animarla.

para enseñarle a dar más de lo que toma.

para ser el estándar por el cual
él se medirá en el futuro.

Un hijo necesita un padre

quién le demostrará afecto sin demorarse.

Un hijo necesita un padre

quién le permita que él pregunte.

Un hijo necesita un padre

para enseñarlo a aceptar las diferencias en otras personas.

UN HIJO NECESITA UN PADRE

quién este dispuesto a hacer sacrificios
por su familia.

Un hijo necesita un padre

para ser el modelo de padre en el cual
él se convertirá.

Un hijo necesita un padre . . .

para enseñarlo a meditar en las consecuencias
antes de que actúe.

para enseñarle a tomar orgullo en proveer
para su la familia.

para enseñarle a honrar a la mujer que lo ama.

para enseñarle que el perdón es siempre
la cosa correcta a hacer.

UN HIJO NECESITA UN PADRE

para enseñarle a no dejar que el orgullo
no le permita escuchar.

UN HIJO NECESITA UN PADRE . . .

para ayudarle a construir una casa de árbol.

para consolarlo cuando llora.

para ensñarle que debe de ser honesto
en todo tiempo.

para enseñarle el significado de la palabra confiable.

Un hijo necesita un padre

por que sin el tendrá menos de lo
que se merece en esta vida.

Para contactar al autor o al fotógrafo

escribanos a los publicadores:
Cumberland House Publishing
431 Harding Industrial Drive
Nashville, TN 37211

---

greg.lang@mindspring.com
www.oijoyphoto.com